ANÁLISIS TÉCNICO DE FOREX EXPLICADO

WAYNE WALKER

© **Copyright 2017 por Wayne Walker, Todos los Derechos Reservados.**

Este libro fue escrito con la meta de proveer información tan precisa y confiable como sea posible. Se debe consultar con profesionales antes de realizar cualquiera de las acciones documentadas en este libro.

Esta declaración es considerada justa y válida tanto por el American Bar Association como por el Committee of Publishers Association y es legalmente vinculante en todo Estados Unidos.

Además, la transmisión, duplicación o reproducción de cualquiera de los siguientes documentos, incluida la información precisa, será considerado un acto ilegal, independientemente de si se realiza de forma electrónica o impresa. La legalidad se extiende a la creación de una copia secundaria o terciaria del documento o una copia grabada y solo se permitirá con el consentimiento expreso por escrito del Editor. Todos los derechos adicionales están reservados.

La información en las siguientes páginas se considera en general como una descripción verídica y precisa de los hechos, y como tal, cualquier falta de atención, o uso indebido de la información en cuestión por el lector representará cualquier acción resultante exclusivamente bajo su responsabilidad. No hay escenarios en los que el editor o el autor de este documento pueda ser considerado responsable de las dificultades o daños que pueda sufrir después de realizar la información aquí descrita.

INDICE

INTRODUCCION 5

CAPITULO 1: Mercado de Divisas 7

CAPITULO 2: Análisis técnico práctico 16

CAPITULO 3: Indicadores de análisis técnico 21

CAPITULO 4: Análisis Técnico VS. Análisis fundamental 28

CAPITULO 5: Análisis Técnico Guía Rápida de Comercio 33

CAPITULO 6: Técnicas de Comercio 38

CAPITULO 7: Transición de la demostración a Comercio en Vivo . 44

CAPITULO 8: Seleccionando a su socio comercial 47

CONCLUSION 50

PERFIL DEL AUTOR 52

INTRODUCCION

Felicitaciones por obtener su copia personal del *análisis técnico de forex explicado*. Este libro asegurará que esté equipado para comenzar a utilizar el análisis técnico para el mercado de divisas y ejecutar las estrategias que lo acompañan. También examinaremos varios indicadores de análisis técnico que pueden incrementar su capacidad de generar ganancias.

El libro trata principalmente sobre el análisis técnico, sin embargo, el análisis técnico no funciona solo, hay otros factores en juego cuando está comerciando. Comencemos con una breve revisión del mercado de divisas, ya que este libro es un análisis técnico del mismo (si sabe todo lo que hay que saber sobre el mercado de divisas, puede omitir las primeras páginas e ir directamente a la sección de análisis técnico).

Los capítulos finales exploran técnicas de negociación estratégica que puede comenzar a usar inmediatamente, junto con una sección sobre cómo hacer la transición de su cuenta de demostración a comerciar en vivo. La sección de transición ha demostrado ser muy beneficiosa para los comerciantes de todo tipo, desde novatos hasta los más experimentados que han estado comerciando durante algún tiempo. Para aquellos que tienen mucha prisa, la guía rápida de comercio, incluida en los capítulos posteriores, puede hacer que empiece a comerciar casi de inmediato. Muchas de las técnicas de la guía rápida han sido utilizadas por mis antiguos alumnos para ganar el Concurso de Comercio Nórdico en Europa.

Hay un montón de libros en el mercado, muchas gracias por elegir este.

CAPITULO 1
Mercado de Divisas

¿Qué es el mercado de divisas? O como mucha gente lo llama por sus siglas en ingles FX, es el mercado más líquido del mundo con una facturación diaria de más de 4 billones de dólares estadounidenses. Ahora, si este número es de 4.4 trillones o 4.5 trillones, no es tan importante dejarse atrapar por eso, el punto a tener en cuenta es que muchas personas están comerciando divisas. Este es, con mucho, el mercado más líquido del mundo, no hay segundo más cercano. Por ejemplo, un día en el mercado de divisas es aproximadamente de 2 a 3 meses de volumen de operaciones en la Bolsa de Nueva York (NYSE).

Se cotiza sobre el mostrador, lo que indica que no hay intercambio central. Este término OTC significa over-the-counter o sobre el mostrador, lo que implica que los parámetros, las reglas de cómo comerciar están determinados por su contraparte, no hay un cuerpo central, no hay un centro de FX. En cuanto al comercio, es 24/5, desde Sídney 5AM los lunes a Nueva York 5PM los viernes. Para muchas personas, este componente de veinticuatro horas es una ventaja, porque a diferencia de otros mercados, por ejemplo, el mercado de acciones que tiene horarios de negociación que generalmente son solo de nueve a cinco, de ocho a cuatro, u ocho a cinco, según el país. Si está trabajando o dirigiendo un negocio, tener la opción de comerciar antes o después de su trabajo es una gran ventaja, y esta es otra de las atracciones que el mercado de divisas tiene para muchas personas.

Los Centros de Comercio de Divisas y sus Participantes

Con respecto a de dónde proviene el volumen, la mayor parte proviene de Londres, Nueva York, Tokio, Singapur, Francia y Alemania, que ahora forman parte de la Euro Zona. Suiza, Hong Kong y Australia llenan el resto de las principales monedas. Luego tienes las exóticas que son alrededor del 18% del mercado. Aquí es donde verá mucho de lo que llamamos las monedas menores y algunas de las exóticas. Por ejemplo, las coronas danesas, las coronas suecas, el dinar iraquí, el shekel israelí están en este grupo. Nuestro enfoque será en el dólar estadounidense, el euro, la libra esterlina, el yen y el franco suizo, no tanto en las monedas menores. Sin embargo, no es una regla o un intento de sugerir que no debe comerciar con esas monedas menores, porque si es de esos países o si las ha estudiado o tiene alguna razón por la que está familiarizado con ellas, entonces adelante puede considerarlas. Fuera de estos motivos, sugeriría centrarse en las principales monedas.

Bancos Comerciales

Ofrecen ofertas para sus clientes y también tendrán comerciantes propietarios que especulen con los fondos de sus bancos. Esto simplemente quiere decir que los comerciantes realizan sus comercios con el dinero del banco. Muchas personas que trabajan en un banco tendrán el título de comerciante, pero lo que están haciendo es lo que llamamos operaciones de ejecución. Por ejemplo, en un banco para el que trabajé, una de las cosas que hice fue ejecutar operaciones como miembro de un equipo de ejecución. Si un cliente nos llama y solicita que quiere realizar una transacción "Quiero comprar diez millones de eurodólares" por ejemplo, mi trabajo seria hacerlo por él.

Los fondos de cobertura también son jugadores en el mercado para invertir y especular. Sin embargo, tenga en cuenta que para tener acceso a la mayoría de los fondos de cobertura, deberá ser clasificado como un inversionista acreditado (200 mil USD en ingresos o 1 millón de USD en activos sin contar su residencia principal).

Especulación Privada

Luego tiene, por supuesto, los comerciantes privados, usted, yo y todos los demás. También tendrá las transacciones diarias, esto es con la divisa física (papel moneda). El enfoque del análisis técnico de este libro se centra en lo que llamamos el tipo de cambio especulativo, que está relacionado con los movimientos de precios, pero de los dos mercados, el mundo del dinero de papel físico especulativo y el real, que ambos cumplan con los precios.

EUR / USD DESDE 1999

(Movimientos del eurodólar desde 1999)

Por ejemplo, con el Eurodólar, cuando salió por primera vez el euro, habría recibido por 1 euro solo noventa centavos en el 2001, por lo que, en términos simples, el euro era más débil que el dólar en ese entonces. Avanzando rápidamente hasta el 2008, es otra historia completamente diferente, el euro fue significativamente más fuerte que el dólar. Por supuesto, las cosas pueden cambiar, el Eurodólar del 2012 se cotizaba a 1,31 y, de hecho, ahora se está negociando a un menor precio. Este es el de cambio especulativo, los movimientos de precios.

UN INVERSIONISTA EN EUROPA COMPRÓ UNA CASA EN FLORIDA

COMPRÓ EN EL **2001:**
PRECIO USD 500.000 = EUR/USD 0,9000   EUR 555.555

VENDIÓ EN EL **2008:**
PRECIO USD 500.000 = EUR/USD 1,6000   EUR 312.500

USD DECLINADO
44% CONTRA EL EUR DESDE 2001 A 2008

Ahora, en el mercado físico, esos dos mundos necesitan reunirse. Como se ve en la imagen anterior, usamos el ejemplo de una persona en Europa que compra una casa en Florida para ilustrar cuándo salió el euro en el 2001. Nuestro comprador compró la casa por un precio de medio millón de dólares, pero como el euro era más débil que el dólar tenía que pagar una prima. En este caso pagaron quinientos cincuenta y cinco mil euros para obtener esa casa. En el 2008, debido a la caída del dólar, esa misma casa que costaba medio millón más en euros, podría haberla comprado por trescientos doce mil euros. ¡Gran diferencia! y aquí es donde, como se mencionó, las divisas especulativas y el mundo físico deben encontrarse.

¿Qué Realmente Mueve este Mercado?

Los rumores, datos e informes económicos, cosas desafortunadas como la guerra, el terrorismo, nunca son agradables, pero tienen una influencia en el mercado. Hay una sección de análisis minifundamental más adelante en el libro para que pueda seguir leyendo.

¿Por qué Comerciar con Divisas?

Definitivamente, es la habilidad de tener una posición larga o corta como lo llamamos. Una posición larga significa que estamos comprando, esto es con lo que la mayoría de nosotros estamos familiarizados. Compra algo a un euro, lo vende a tres, cuatro o cinco. La mayoría se siente cómodo con esto, así es como hemos sido educados, en el mundo de los negocios. Ahora con divisas, tenemos la posición corta. Por ejemplo, puede vender algo que cotiza a cien dólares y si cae a cincuenta, es genial ya que ganara la diferencia de cincuenta dólares.

La siguiente es la correlación relativamente baja con otras clases de activos, el comercio de divisas es el comercio de divisas, personalmente y para otros comerciantes, es simplemente otra clase de activo, no es lo mejor para el comercio, no es lo peor, es otra manera de hacerlo. Estar en el mercado Por ejemplo, tiene las otras clases de activos, productos, bienes raíces, papeles del gobierno o bonos, las divisas son simplemente otra clase más.

¿POR QUE COMERCIAR CON DIVISAS?

(Diferencia entre el comercio de divisas físico y especulativo.)

En lo que respecta al comercio físico, mirando nuestro gráfico anterior, a la izquierda tiene un saldo en efectivo de mil euros, lo máximo que puede sacar (exposición del mercado) en el mercado es de mil euros, esto es en el comercio de divisas físico es uno a uno, o si estaba negociando acciones físicas, el concepto es similar. Con lo que trataremos se encuentra a la derecha, el margen comercial. Algunas personas lo llaman apalancamiento, también escuchará el término aprovechamiento o potenciamiento y se comercia "como si". Por ejemplo, si tiene mil euros, puede tomar una posición de cien mil euros o más, dependiendo de su corredor y lo que eso significa es que puede obtener ganancias como si tuviera cien mil euros y también puede tomar una pérdida como si tuviera cien mil euros. Obviamente, con este tipo de aprovechamiento, la gestión de riesgos es clave. Aquí es donde las órdenes de tres vías pueden entrar en juego para ayudar con la gestión de riesgos

Algunos Términos Básicos

Moneda Base: Esta es su exposición y también la moneda que se negocia.

Moneda variable: Así es como se calculan sus ganancias y pérdidas o P y L por sus siglas en ingles. Por ejemplo, con el Eurodólar, la moneda base es el euro y la variable es el dólar.

TERMINOS BASICOS EN EL COMERCIO DE DIVISAS

- EURUSD 1.5800
  1 EUR=1.5800 USD

- DIFERENCIAL DE OFERTA Y DEMANDA

- OFERTA Y DEMANDA
  1.5800-1.5802
  0.0002(2 pips)

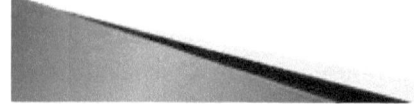

(Eurodólar a 1.5800, significa que por un euro recibirá 1.58 dólares.)

El Diferencial: Es la diferencia entre el precio de oferta y el de demanda, así es como los bancos ganan su dinero. Tenemos el precio de oferta 1.5800 a la izquierda, este es el precio que recibirá cuando llegue el momento de vender. A la derecha, el de demanda 1.5802, esto es lo que tendrá que pagar cuando quiera comprar. En este ejemplo, tenemos un diferencial de dos pips y esto es lo que su banco o corredor mantendrá como ingresos para ellos mismos.

Revisión básica

Si está en una posición larga, está comprando, ir en una posición larga a 50 querrá que el precio suba a cincuenta y uno, cincuenta y dos o más. Si está en una posición corta, está vendiendo y necesita que el precio caiga, al llegar a los cincuenta, necesita que el precio caiga por debajo de los cincuenta para obtener ganancias. Y si su posición es cuadrada, significa que no tiene exposición al mercado, sus posiciones están cerradas. Para cerrar una posición larga de medio millón de eurodólares, deberá vender medio millón de eurodólares. Eso eliminará su exposición.

Más Términos Básicos

Cable (GBPUSD): Es la libra esterlina frente al dólar y escuchará bastante esto entre los comerciantes.
Swissy (CHF): El franco suizo
Aussie (AUD): El dólar australiano
Kiwi (NZD): El dólar neozelandés
Loonie (CAD): El dólar canadiense
ZAR: El rand sudafricano
RUB: El rublo ruso
Zloty (PLN): El zloty polaco

"La Figura": Significa todos los ceros al final de un precio cotizado. En una situación de cotización, en lugar de decir uno punto dos cero cero cero (1.2000), en una sala de negociaciones diría uno punto dos la figura.

Quedarse Fuera(stop out): Indica que todas sus posiciones se han cerrado, y estará en una situación de parada si no tiene fondos suficientes para cubrir el requisito de margen de sus posiciones abiertas.

CAPITULO 2
Análisis técnico práctico

El punto clave para ganar dinero con el análisis técnico es identificar la tendencia y comerciar con ella. Las tendencias le revelaran hacia dónde es más probable que los precios se muevan en el futuro. Si la tendencia de un par de divisas se dirige hacia arriba, entonces necesita comprar el par de divisas para ganar dinero. Si la tendencia de un par de divisas comienza a disminuir, necesita venderlas para obtener ganancias. Si la tendencia de un par de divisas es lateral, sin una dirección clara, debe colocar órdenes contingentes (no transacciones) o esperar hasta que se establezca una tendencia clara hacia arriba o hacia abajo antes de la negociación. No se recomienda luchar contra una tendencia, si elige hacerlo, en la mayoría de los casos será una experiencia muy costosa.

Las tendencias normalmente no se mueven hacia arriba o hacia abajo de manera directa. Por lo general, se mueven en una dirección durante un período de tiempo y luego retroceden de forma temporal (se revierten) parte del movimiento anterior antes de continuar en la dirección original. Cada vez que un par de divisas retrocede y comienza a moverse en la dirección opuesta, forma un nuevo máximo o un nuevo mínimo. Por ejemplo, en el comercio de divisas, se forman nuevos máximos cuando un par de divisas se mueve hacia arriba y luego gira y se mueve hacia abajo. Se forman nuevos mínimos cuando un par de divisas se mueve hacia abajo y luego se torna hacia arriba. La identificación de estos máximos y mínimos le permite identificar si un par de divisas se encuentra en una tendencia alcista, una tendencia bajista o una tendencia lateral.

Tendencias alcistas: los mercados con tendencia alcista forman una serie de máximos y mínimos más altos.

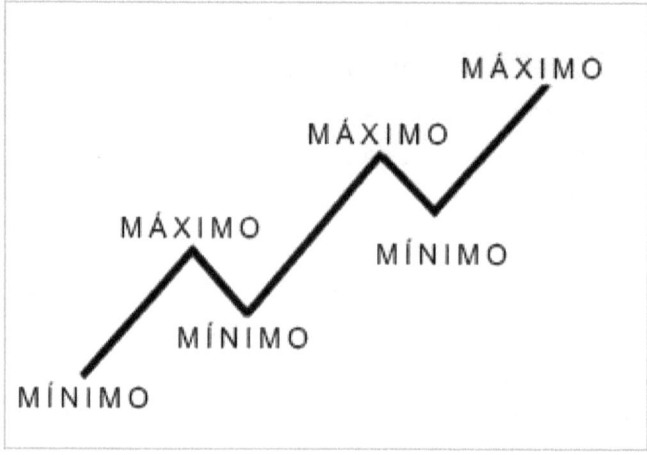

Tendencias bajistas: los mercados con tendencia a la baja forman una serie de máximos y mínimos más bajos.

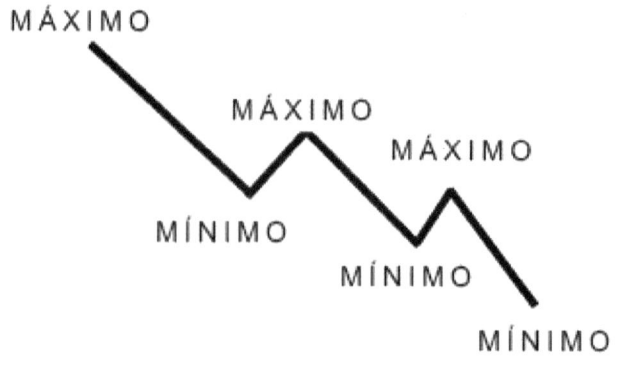

Tendencias laterales: los pares de divisas con tendencia lateral forman una serie de máximos y mínimos que se encuentran aproximadamente al mismo nivel de precios.

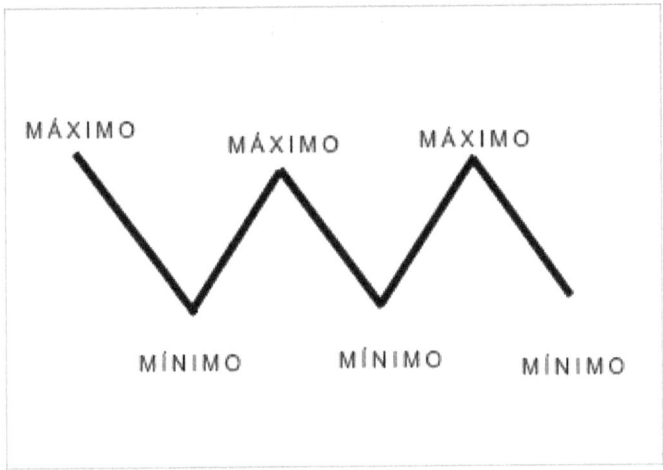

Las tendencias, ya sean tendencias alcistas, bajistas o laterales, pueden formarse en varios períodos de tiempo. Identificar las siguientes tendencias en cada período de tiempo y poder alinearlas en su análisis es crucial para su éxito como comerciante de divisas.

Definiendo el gráfico de velas

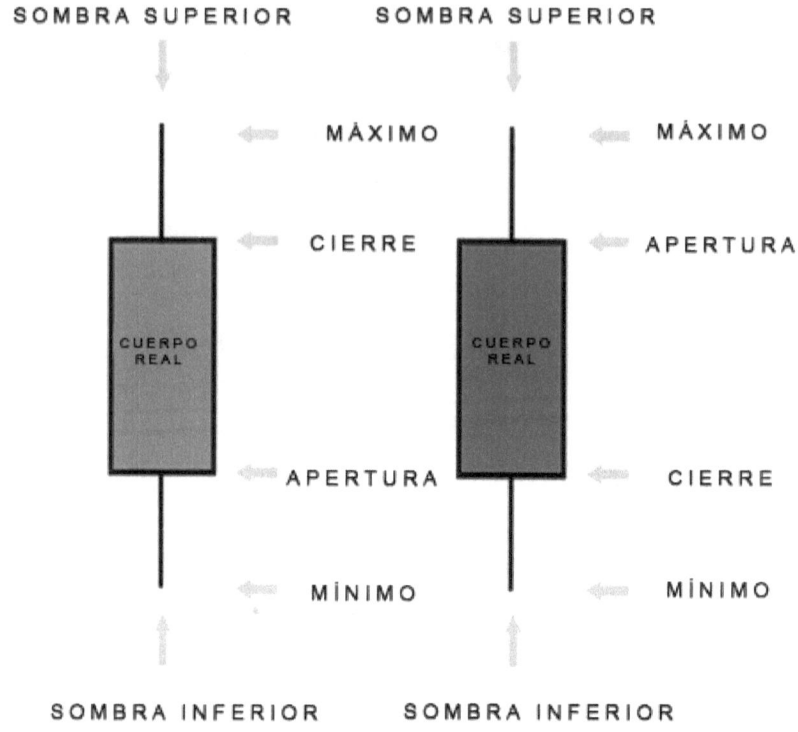

Comencemos por definir la vela. Se trata de una línea en un gráfico que representa un punto y muestra el máximo, mínimo, apertura y cierre para cada período.

Por ejemplo, si tenemos un gráfico diario, cada candelabro representa un día y mostrará el máximo, el mínimo, la apertura y el cierre de ese día. En muchas plataformas, una vela roja significa que el precio de cierre es más bajo que el precio de apertura para ese período. Una vela verde significa que el precio de cierre es más alto que el precio de apertura para ese período.

CAPITULO 3
Indicadores de análisis técnico

Echaremos un vistazo a los indicadores de la media móvil, RSI y las Bandas Bollinger.

Primero tenemos los indicadores de la media móvil, y son útiles porque hacen que sea más fácil detectar una tendencia. Esto es clave en el mercado de divisas o algunos de los otros derivados donde un mercado al alza es bueno y un mercado a la baja también es bueno. Por lo tanto, todo lo que tenemos que hacer es identificar o detectar esta tendencia. Para ilustrar, una media móvil de cincuenta días suma los precios de cierre de los últimos cincuenta días, se divide por cincuenta y traza un punto en la tabla para cada día.

Gráfico de la Media Móvil:

Revisemos algunas configuraciones básicas con el indicador de media móvil. Si tenemos ajustes (en el cuadro anterior) de MA diez, MA cincuenta, diez en el corto plazo, cincuenta es el largo plazo. La media móvil más corta, si está por encima de la más larga, la tendencia se considera al alza. Si el promedio móvil más corto está por debajo del promedio móvil más largo, entonces las tendencias se consideran a la baja. En un gráfico, si ve que el diez está rompiendo por debajo de los cincuenta, a largo plazo en este ejemplo, podría tomarse como el signo inicial de una señal de venta.

Con medias móviles, las señales de compra y venta son generadas por el cruce de precios por encima o por debajo de la línea de promedio móvil. Hay un término que escuchará mucho si está cerca de personas de análisis técnico, se llama la cruz dorada y significa que el corto plazo rompe por encima del largo plazo. El ejemplo que tenemos es diez y cincuenta, pero podría haber sido veinte y treinta, quince y diecisiete, depende del comerciante y del instrumento que están negociando.

Índice de Fuerza Relativa

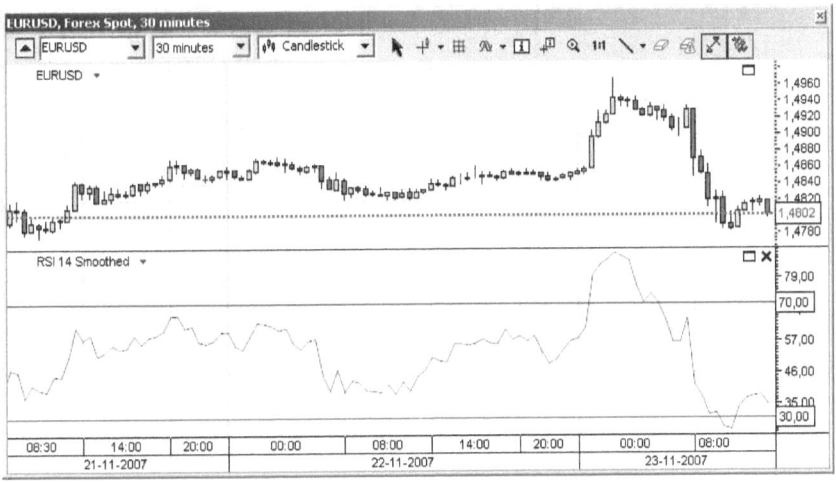

El gráfico RSI es visible debajo del gráfico EURUSD.

El RSI, que es el Índice de Fuerza Relativa, se utiliza para identificar si el mercado (acciones, pares de divisas, etc.) está sobrecomprado o sobrevendido. Tiene un índice de cero a cien. El RSI coincide más o menos con lo que está sucediendo en el gráfico. Las lecturas de menos de treinta indican que el mercado puede estar sobrevendido y cuando vea o escuche el término sobrevendido significa una venta excesiva. Las lecturas de más de setenta indican que el mercado puede estar sobrecomprado, compras excesivas. Tenga en cuenta que estas son indicaciones, no son garantía de nada. Como nota, el mercado puede permanecer sobrecomprado o sobrevendido durante un período de tiempo bastante largo. El RSI es un indicador anticipado, comienza a dar señales antes de que la tendencia haya comenzado.

Bandas de Bollinger

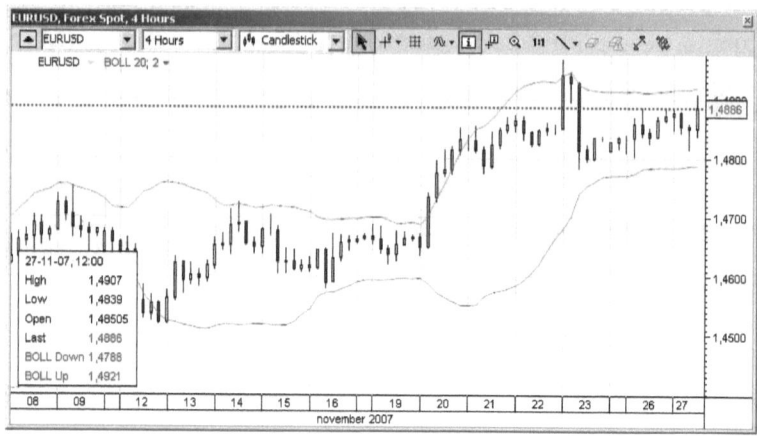

Las Bandas de Bollinger son una herramienta que muchos inversionistas y comerciantes utilizan cuando desean agregar diferentes aspectos de análisis técnico a las operaciones que tienen abiertas. Se utilizan para medir la volatilidad del mercado. Las bandas definen los límites superior e inferior del rango de negociación. Cuando vea las bandas en un gráfico (mostrado arriba), tendrá una banda superior e inferior, el espacio entre la parte superior e inferior, es llamado por muchas personas el canal de compra-venta. Utilice el espacio entre las bandas para tener una idea de dónde se encuentra dentro del rango de negociación. Si está cerca de la parte superior, sabe que está cerca del nivel de resistencia y existe la posibilidad de una reversión de precios (el mercado cambia de dirección). Si se encuentra en la parte inferior, sabe que está cerca del nivel de soporte y puede esperar una posible reversión de precios. En su mayor parte, los precios permanecen entre las bandas. Si el precio comienza a salir de las bandas, la gente lo toma como una señal, por lo que debe ser consciente de ello.

Entendiendo los niveles de soporte y resistencia

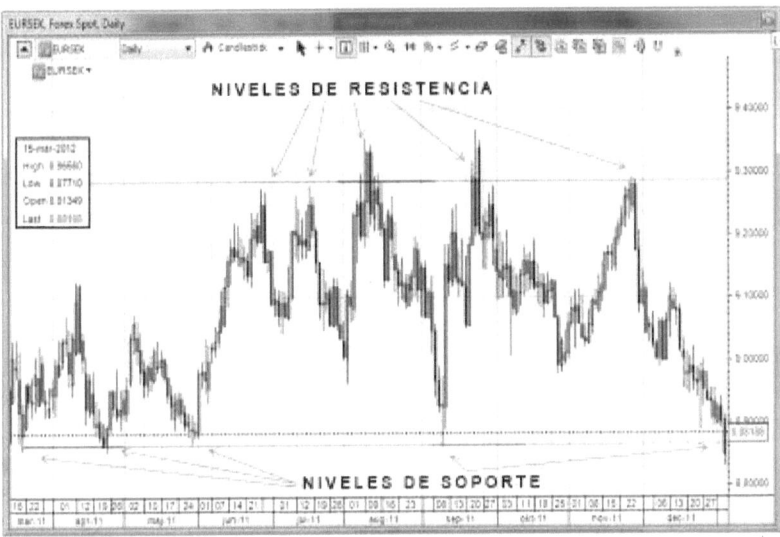

EL nivel de soporte es el nivel de precio en el que el instrumento negociado ha tenido históricamente dificultades comerciales. Por ejemplo, si tenemos soporte en torno a 1.4380, podría ver en un gráfico que el mercado ha estado en ese nivel (1.4380) varias veces sin caer por debajo de esa cifra, por lo que en la jerga de análisis técnico, esto se consideraría un nivel de soporte.

El nivel de resistencia es justo lo contrario, el nivel de precio hacia arriba al que históricamente el instrumento ha tenido dificultades comerciales.

Patrones de Gráficos "W" doble suelo o "M" doble techo

Son patrones de gráficos en los que el precio cotizado para el instrumento subyacente se mueve en un patrón similar a la letra "W" (doble suelo) o "M" (doble techo). El análisis doble techo y suelo se usa en el análisis técnico para explicar movimientos de forma segura, y también con otro tipo inversiones, se puede usar como parte de una estrategia comercial para explotar patrones recurrentes. Un doble techo y un doble suelo son ambos patrones de inversión de tendencias.

Un **doble suelo** tiende a ocurrir después de una fuerte tendencia bajista, e indica que una tendencia alcista puede ser inminente. Los "suelos" son valles que se forman cuando el precio alcanza un cierto nivel de soporte que no se puede romper. Después de alcanzar este nivel, el precio rebotará ligeramente antes de volver a probar el nivel. Si el precio rebota en el soporte por segunda vez, entonces tiene una formación de doble suelo. Si el segundo suelo no puede romper el mínimo del primero, entonces esto es una fuerte señal de que va a ocurrir una reversión. Se dibuja una "línea" en la parte superior entre las dos "partes". Con un doble suelo, podría pensar en colocar su orden de posición larga por encima de la "línea" porque espera que la tendencia se torne alcista.

Un **doble techo** generalmente se forma después de que hay una tendencia alcista extendida, e indica que una tendencia bajista puede ser inminente. Los "techos" son picos que se forman cuando el precio alcanza un cierto nivel de resistencia que no se puede romper. Después de alcanzar este nivel, el precio rebotará ligeramente, pero luego volverá a probar el nivel nuevamente. Si el precio vuelve a rebotar en ese nivel, entonces tiene un tope techo. Si la segunda parte superior no puede romper el máximo de la primera parte, entonces esta es una fuerte señal de que va a ocurrir una reversión. Se dibuja una "línea" en la parte baja entre los dos "techos".

Con un doble techo, podría pensar en colocar su orden de posición corta debajo de la "línea" porque espera que la tendencia se torne bajista.

CAPITULO 4
Análisis Técnico VS. Análisis fundamental

Ahora examinamos la diferencia entre análisis técnico y fundamental. Este es un tema en el que ha habido bastante debate, particularmente entre los comerciantes. Tendrá a los fanáticos técnicos en una esquina, luego a los fundamentales en otra y todos pelearán por cuál es el mejor método. Vamos a revisar sus méritos individuales.

El análisis técnico significa que está utilizando indicadores de análisis técnico, por ejemplo, medias móviles, que le ayudan a identificar la tendencia, y tal vez otro de los indicadores, por ejemplo, el RSI (Índice de Fuerza Relativa) para ver si el mercado está sobrecomprado o sobrevendido.

Análisis fundamental, esto es cuando se tiene en cuenta, por ejemplo, si se analiza el mercado de valores, los directores, la participación de mercado de la empresa, el contenido del producto, la relación P / E, etc. Estas áreas son relevantes cuando está buscando invertir en acciones. Para las personas a quienes llamamos comerciantes fundamentales, básicamente se adhieren a este tipo de análisis y dicen que esta es la mejor manera de llegar a una decisión comercial. Mi opinión y la opinión de mis colegas sobre esto es que realmente depende. Cuando digo depende, me refiero a su marco de tiempo.

Digamos que usted es un comerciante de día, los comerciantes de día abren y cierran sus pedidos u órdenes el mismo día. O puede ir al extremo que se llama scalping, y entre los scalpers, también tendrá personas que se clasificarán como extremas, tendrán posiciones abiertas desde uno o dos segundos hasta tal vez un minuto. Y con esos comerciantes, cuando se encuentren en este tipo de operaciones agresivas, utilizando un análisis fundamental sobre la participación de mercado de la empresa y el desarrollo de productos, realmente no les ayudará mucho porque su marco de tiempo es de solo unos segundos. Pero si vamos al otro lado, y está en este período de inversión, para mí, la inversión incluiría inversores que prefieran mantener posiciones o realizar una operación que durará desde un año, hasta dos, tres o más. Incluso cinco años. Entonces, si está invirtiendo, es imprudente prestar atención a gráficos de un minuto que cambian rápidamente u otras herramientas de análisis técnico a corto plazo, ya que no son realmente aplicables. En realidad, no existe esta competencia entre lo técnico o lo fundamental, lo que digo es que realmente se reduce a su marco de tiempo. Una vez que decida cuál es tu marco de tiempo, utilizará las herramientas adecuadas. Si tiene la intención de realizar operaciones a corto plazo, su herramienta principal será el análisis técnico, pero si tiene un marco de tiempo más largo, entonces necesitara buscar un análisis fundamental porque con este largo horizonte de tiempo necesitará más datos.

Calendario económico (un aperitivo de análisis fundamental)

Vamos a echar un vistazo rápido a los informes de mercado que son más relevantes. Bancos centrales, IPC, Nóminas no agrícolas, inicio de la vivienda.

Bancos centrales: Tenemos el FOMC, BOE, ECB. El mercado presta mucha atención a estas reuniones, principalmente a través de la Reserva Federal y su Comité Federal de Mercado Abierto-FOMC. Claramente, el Banco de Inglaterra-BOE, el Banco Central Europeo-BCE, también son informes y reuniones muy relevantes a los que prestamos atención. Se reúnen una vez al mes para determinar la política monetaria de su moneda en particular. Últimamente, ha habido mucha atención hacia el Banco Popular de China, porque obviamente ese banco en particular ahora tiene bastante influencia en los mercados financieros.

¿Por qué nos debe importar? Los cambios en estas tasas de interés afectarán todo, desde la financiación, a los bonos, definitivamente a la bolsa de valores, pero la clave para estos informes o cualquiera de los informes económicos es si esas decisiones se toman de manera diferente de lo que el mercado esperaba. Entonces, por ejemplo, si hubiera una expectativa de un recorte de 25 puntos básicos en la tasa de interés y luego, cuando se anuncie, es un recorte de 25 puntos básicos, es posible que se observen algunos movimientos en el mercado, pero no debería suceder nada dramático porque ese recorte ya estaba cotizado en el mercado. Si resulta que esperamos un recorte de 25 puntos básicos y obtenemos un 50, ahora que es notablemente diferente, es probable que vea algunos fuegos artificiales en el mercado.

El IPC: El índice de precios al consumidor es una medida del precio promedio de una canasta fija de bienes y servicios. En pocas palabras, estamos echando un vistazo a la tasa de inflación. ¿Por qué nos importa esto? En los Estados Unidos es definitivamente uno de los indicadores de inflación más vistos. Fuera de los EE. UU., Ya sea en Europa, Asia o en cualquier otro lugar, el mercado vigila su IPC en particular e influirá en la forma en que se establecen las tasas de interés de los préstamos, hipotecas, bonos, etc.

Nóminas no agrícolas: Uno de los mayores informes para los comerciantes. Nos proporciona el número de empleados que trabajan en empresas de Estados Unidos. Empleos no relacionados con la agricultura, por lo tanto no agrícolas. ¿Por qué nos importa? Esto nos brinda una imagen completa de cuánta gente está trabajando, buscando trabajo, cuánto ganan, básicamente una foto instantánea del mercado laboral en los Estados Unidos.

El inicio de la vivienda: Mide la construcción inicial de viviendas unifamiliares cada mes. ¿Por qué nos importa? Dos palabras, ¡el efecto dominó! El mercado presta atención a los inicios de vivienda, ya sea en los Estados Unidos o en otro lugar debido a este efecto. La construcción de viviendas, 10, 20 viviendas, un complejo de apartamentos, ondula en toda la economía. Verá ejemplos de esto con el empleo de personas para construir las casas, muebles para esas casas, servicios públicos e incluso con el comercio, ya que puede ser necesario importar materiales para construir esas casas. Claramente, estas ondulaciones son notables y los economistas prestan mucha atención a los números de inicio de viviendas.

CAPITULO 5
Análisis Técnico Guía Rápida de Comercio

Grafico Marco de Tiempo

El marco de tiempo, el factor más crítico de una decisión comercial. La decisión de comprar o vender siempre comienza con un marco de tiempo. Una señal de compra o venta para un comerciante de día es diferente al de un swing trader y en la mayoría de los casos es extremadamente diferente de un comerciante / inversionista a largo plazo. Los ejemplos que utilizaremos se basan en marcos de tiempo de negociación a corto plazo o trading intradiario.

Trading intradiario – Cerrar posiciones en 24 horas

Swing trading - Significa mantener las operaciones abiertas desde unas pocas horas hasta un máximo de unos pocos días.

Para los comerciantes a corto plazo, una configuración de gráfico de 1 hora es buena para obtener una visión general del mercado y luego tomar la decisión de cambiar el gráfico a 30 o 15 minutos. Cuanto más corto sea el tiempo de negociación, más corto será el marco de tiempo del gráfico.

Consejo: Uno de los muchos beneficios que disfrutará al usar múltiples marcos de tiempo en sus operaciones comerciales es que verá el mercado de divisas desde la perspectiva de diferentes tipos de comerciantes. Al observar los gráficos a corto y largo plazo, estará al tanto de lo que están viendo ambos tipos de comerciantes. Esto ayudará a evitar que le tomen por sorpresa movimientos de precios repentinos.

Al usar la configuración anterior, se recomienda que cree gráficos de diferentes marcos de tiempo y los mantenga abiertos en su plataforma de negociación. Esto hará que sea más eficiente el comercio.

Marco de Tiempo y su Ubicación en el Canal de Compra - Venta

Una vez que ha establecido su marco de tiempo, debe ubicarse en el canal comercial de compra y venta (el canal comercial es el área entre las bandas superior e inferior de las Bandas Bollinger). Si se encuentra cerca de la parte superior del canal eso indica que está cerca de un nivel de reversión potencial (donde el mercado gira / invierte), ej. Si se dirige hacia arriba, de repente puede dirigirse hacia abajo. Si está en la parte inferior y el mercado sube, también es un nivel de reversión.

¿Qué Hacer a Niveles de Reversión?

Aquí es donde el comercio se vuelve un poco complicado. El hecho de que estemos en o cerca de un nivel de reversión no garantiza dicha reversión. También podríamos obtener una ruptura (el mercado va por encima / por debajo de los niveles conocidos de resistencia o de soporte). Un consejo para decidir qué hacer a continuación, es simplemente revisar el gráfico de movimientos pasados del mercado (si subió o bajó) al nivel de precios que está observando. Esto es para ver qué sucedió en el mercado la última vez que el precio estuvo allí. Esto es importante porque la "persona" central aquí es el mercado, no usted. Por ejemplo, si el mercado decae, hay una buena probabilidad de que lo haga de nuevo. Sin embargo, esto NO es una garantía, y también debe tener en cuenta los datos fundamentales (informe de noticias, datos económicos), ya que esto podría hacer que todo se saliera del resultado de la última vez.

Si aún no tiene una posición abierta y el mercado se encuentra en un nivel de reversión potencial, una forma de negociar es estableciendo una orden de compra por encima del nivel de reversión. Por lo tanto, si el mercado entra en ruptura, estará dentro. La orden de compra también es parte de su gestión de riesgos porque solo hay dinero en la mesa si se ejecuta y se convierte en una operación exitosa.

Después de averiguar dónde se encuentra en el canal de compra-venta, lo siguiente es prestar atención al RSI y lo que le está diciendo. Debe tener una coincidencia entre el RSI y su ejecución comercial. Si el RSI está en niveles de sobrecompra y usted está cerca de los niveles de reversión en las bandas Bollinger, eso es un signo de una buena oportunidad potencial de venta.

Señales Ideales de Compra

Idealmente, en una señal de compra, querrá que su RSI esté subiendo desde o cerca de los niveles 30-40, lo que le da un buen espacio / oportunidad para subir. Al mismo tiempo, también deseara que el mercado se ubique / negocie cerca de la parte inferior del canal en las bandas Bollinger.

Finalmente, si usa los gráficos de velas, querrá que sean verdes (precios que se cierran). Como puede ver, necesitamos ver los mismos datos de nuestras herramientas. Mirando las velas rojas (precios que se cierran más bajos) y los niveles de RSI de sobrecompra (compras excesivas) recibirá una señal mixta. Esto le dice que se "aparte" o que no negocie hasta que las cosas estén más claras.

Señales Ideales de Venta

Una señal de venta ideal es simplemente lo opuesto a lo anterior. En otras palabras, su RSI bajará de 70 a 80 niveles. Al mismo tiempo, también querrá que el mercado se ubique / negocie cerca de la parte superior del canal en las bandas de Bollinger. Finalmente, si usa los gráficos de velas, querrá que estén en rojo (precios que se cierran).

Terminando

Idealmente, desea ejecutar una operación comercial desde cuando las cosas están lo más cerca posible de lo ideal. Cuando esté frente a áreas grises / indeciso, le sugiero que utilice sus órdenes de detención de compra y venta. Las órdenes NO son operaciones, por lo que no hay dinero en riesgo hasta que se ejecuten. Estas órdenes se colocarán cerca de los niveles ideales desde los cuales está buscando negociar. Como he enfatizado ya varias veces, escenario de negociación ideal o no, siempre se debe colocar una orden de detención. Desafortunadamente, incluso la mejor investigación del mundo no es garantía de una operación rentable.

Ajustes para los indicadores de análisis técnico.

RSI

En el RSI, el valor predeterminado de 14 está bien para la mayoría de los comercios de divisas, CFD, comercio de acciones. Sin embargo, con el comercio a corto plazo, trading intradiario o el swing trading, 14 no es óptimo. Sugiero 7 para el swing trading y hasta 4 para el trading intradiario.

Bandas de Bollinger

La configuración predeterminada (20:2) parece funcionarle mejor a la mayoría de los comerciantes y le sugiero que mantenga esta configuración.

Media Móvil

Usamos 50, 100, 200. El 50 es la señal de alerta, 100 a corto plazo y 200 es el a largo plazo.

CAPITULO 6
Técnicas de Comercio

Démosle un vistazo a las cinco razones principales de las pérdidas de los comerciantes:

1. Expectativas poco realistas, un ejemplo de esto, tiene mil euros en su cuenta y espera tener dos mil en un día o tal vez incluso al final de la semana.

2. Ningún plan, como dicen algunos, "fallar en el plan es planear fallar". Según mi experiencia, además, he hablado con muchos nuevos comerciantes en el pasado y lo que escuché después de preguntarles, "¿por qué realizo ese negocio?" Sorprendería a muchos. He escuchado "no tengo idea", o murmurando acerca de que un miembro de la familia dijo que era algo bueno, no es exactamente la mejor estrategia.

3. Demasiado riesgo, esto generalmente implica el uso de su apalancamiento máximo disponible.

4. Confundir el comercio con la inversión, dos cosas completamente diferentes, el comercio es más pesado en análisis técnico, invirtiendo se apoya más en los principios fundamentales del análisis. Por ejemplo, con la inversión tiene un marco de tiempo generalmente de tres a cinco años, lo fundamental claramente es más importante. Si está comerciando en minutos, quizás cinco, en lo que respecta al tiempo de espera, el análisis técnico será el motor de su análisis.

5. Exceso y déficit de comercio, esto lo veremos un poco más adelante.

Algunas Soluciones

Usar un apalancamiento bajo es clave porque garantiza que un mal día de negociación no acabe con todas sus ganancias. Luego debe observar la regla de oro de los comerciantes, "sin dinero no hay comercio", no hay muchas formas de interpretar esto si no hay dinero no hay comercio, por lo que deseara mantener el dinero. Lo siguiente es la ampliación de la escala, aquí le permite al mercado hablarle. Sí, antes de cualquier operación, va a realizar su análisis, pero una vez que haya hecho su análisis, le permitirá al mercado hablarle. Lo que significa que si compra a cien y el mercado cae a noventa, le está diciendo algo, necesita disminuir su exposición. Si compra a cien y va a ciento diez, ciento veinte también le dice algo, ahora puede considerar una exposición adicional al mercado.

En divisas, seleccione algunos pares y conózcalos bien. No es necesario ser un experto en veinte o quince pares, la línea de fondo sigue siendo la línea de fondo, que es ganar dinero. No es una competencia sobre la cantidad de pares que conoce, incluso si está haciendo transacciones electrónicas o con algoritmos, en muchos casos aún es bastante específico que se esté enfocando en cinco o seis pares diferentes y no mucho más que eso.

Mucha gente pregunta cuáles son los mejores pares para el comercio y sugiero el Eurodollar, Dollaryen, Cable, Dollarswiss son buenos lugares para comenzar. Con estos pares no sería un evento excepcional ver un movimiento de cien pips o más. Uno de los puntos principales en el comercio es que necesita y quiere ver movimientos. Si ha realizado una transacción y no ocurre nada, después de que ya pagó el diferencial, le ha dado un regalo a su corredor o a su banco, por lo que desea ir a donde está la acción. De los pares mencionados, cuando se trata de decidir cuál es el mejor, debe verificar los diferenciales y claramente aquellos con los diferenciales más ajustados, su costo de hacer negocios, tendrá una ventaja. Esto es básico, cuanto más barato es comerciar, más fácil es ganar dinero. No hay demasiadas maneras de evitar esto, si lo que quiere es centrarse en los pares que cuestan lo menos posible para comerciar.

En los CFD y en las acciones, actualizaciones de compañías, las advertencias de ganancias son buenas oportunidades para negociar por ganancias rápidas. Los precios tienden a ir en la dirección del anuncio. Por ejemplo, su compañía favorita no puede cumplir con sus estimaciones de ganancias trimestrales, es probable que las acciones caigan y pueda abrir una posición corta.

Al comerciar, los ganadores y los perdedores, se revelan con bastante rapidez y querrá eliminar a los perdedores lo antes posible. Su límite de pérdida con el comercio de divisas suele ser de quince, veinte o veinticinco pips, dependiendo de su perfil de riesgo. Para ser muy claro acerca de este punto, me refiero al comercio, no a la inversión. Si abre una posición de inversión en la que está viendo tres años, cinco años, entonces sí, si no está ganando dinero ese primer día o esa primera semana, no hay nada por lo que preocuparse, pero si está operando con un marco de tiempo de un minuto. , cinco minutos, un día, es una historia diferente. En el comercio necesita eliminar a los perdedores tan pronto como sea posible.

A continuación, debe tener un plan comercial, con sus niveles de detención, niveles de ganancia, cantidades correctas y pares establecidos. Suena básico, pero sí, si está intentando comerciar con el Eurodólar, realmente debería comerciar con el Eurodólar. El término se denomina "dedos gordos" y, por desgracia, ocurre todos los días, digamos que quiere comerciar con Eurodólares y escribe Euroyen, quiere comerciar con British Airways, escribir British Aerospace, y esto sucede con demasiada frecuencia. Teniendo esto en cuenta, manténgase alerta con sus operaciones para que se escriba lo correcto antes de ejecutar.

Comercio de noticias

El comercio de noticias, es una oportunidad en la que puede comerciar sin prestar atención a nadie. Un poco peligrosa, con deslizamiento, esto puede acabar con todas sus ganancias. El deslizamiento simplemente significa que usted compra a cien y tiene una orden de detención a los noventa, en lugar de salir en los noventa, podría ser ochenta y cinco, ochenta o menos.

Para configurar un comercio de noticias, aproximadamente media hora antes del evento, debe utilizar configuraciones de gráficos relativamente ajustadas (de 15 minutos a 30 minutos) porque se trata de operaciones muy agresivas. Para su entrada, algunos pips arriba de donde estamos negociando (en ese momento) colocamos una orden de compra. Unos pocos pips debajo, una orden de venta. También puede usar los niveles de resistencia y los niveles de soporte como guía, dependiendo de su perfil de riesgo puede colocar una orden de compra veinte pips arriba y una orden de venta de veinte pips abajo.

El punto de salida es típicamente el tamaño del rango. Por ejemplo, si el rango es de treinta pips, puede usarlo como su orden de toma de ganancias inicial o límite. Algunos operadores solo lo usan si tienen una posición larga, en veinte pips detienen la pérdida y luego obtienen ganancias de cien, ciento veinte pips, según la exposición al riesgo y el perfil de la persona. Hay un espacio para jugar con esto, si está en una posición y está obteniendo una ganancia que no necesita tomar toda de una sola vez, puede escalarla gradualmente.

Soluciones: Exceso y déficit de comercio

Regresando a los que comercian en exceso y los que no comercian lo suficiente. Los que comercian en exceso no saben cuándo parar, intentan sacar todo del mercado. Este tipo de comerciantes obedecen la regla del 2% pero se detienen apenas obtienen un pequeño beneficio. Leyendo entre líneas, básicamente está mirando la codicia y miedo. Esa regla del 2%, por cierto, establece que no debe arriesgar más del

2% del saldo de una cuenta en ninguna operación. Aunque puede jugar con él un poco, 3%, 4%, tal vez incluso hasta un 5% está bien, pero más allá de eso, se está rompiendo la regla principal. El punto de esto es que cuando está utilizando este 2, o el 3 o el 4%, está haciendo que el fracaso se pueda sobrevivir. En otras palabras, puede equivocarse mucho y seguir negociando.

Algunas soluciones para el comercio excesivo/déficit: establecer un objetivo de ganancias diarias, un comerciante excesivo se detiene una vez que llegan allí, el que comercia muy poco necesita seguir adelante y, obviamente, todos se detienen una vez que alcanzan el límite de pérdida diaria, sin negociaciones. Finalmente, si los datos de su análisis técnico o fundamental no están claros o como le llamo están desordenados, tiene derecho a no realizar transacciones.

CAPITULO 7
Transición de la demostración a Comercio en Vivo

Este es un tema de preocupación e interés para muchos de mis alumnos y diría que muchos comerciantes con cuentas de demo en general. ¿Cómo pasa de la situación en la que tiene una cuenta de demo a una que está financiada, donde realmente ha colocado dinero en la cuenta?

Hay algunos pasos: Primero, es que necesita trabajar con lo que yo llamo un saldo de cuenta realista. Esto implica que si planea comenzar a comerciar con cinco mil euros, dos mil euros o diez mil, la cantidad no es tan crítica, lo que es crítico e importante es que coincida con su saldo de apertura previsto. Si planea comenzar con cinco mil euros, entonces su saldo en la cuenta de demostración debe coincidir con este.

Lo que personalmente he visto en el pasado con los comerciantes nuevos es que han pasado por la experiencia del demo utilizando el balance predeterminado en muchas plataformas. Estos saldos suelen ser de entre cien mil euros o unos doscientos mil euros, y la persona realiza muchas operaciones de demostración en cien mil doscientos mil, luego abre una cuenta con diez mil euros, quizás veinte mil euros o cinco mil euros. Nada malo con estas cantidades, porque obviamente diez mil, incluso cinco mil euros, es dinero, pero el desafío al que se enfrentan es que nunca practicaron con dichas cantidades. Estaban usando los valores predeterminados de cien mil, unos doscientos mil y no internalizaron esto. Con internalizar, quiero decir que cuando están comerciando, necesita saber cómo se siente ganar o perder con el saldo de apertura deseado. Si son cinco mil o diez mil, realmente necesita experimentarlo mentalmente y, de alguna manera, físicamente en su cuerpo comerciando en la balanza. Una vez que haya pasado por esto, cuando sea el momento de cambiar a una cuenta real, le prometo que no podrá notar la diferencia. Esto se debe a que ha practicado con esta cantidad con ganancias y pérdidas y sabe cómo se siente, de modo que cuando va a su cuenta real es como wow! La cuenta en vivo es muy parecida a la que ha visto en la demostración, lo cual es el punto.

A partir de aquí, el siguiente paso es realizar operaciones realistas. Si tiene un saldo en su cuenta de apertura de cinco mil, diez mil euros, entonces el tamaño de las posiciones debe ser de cincuenta mil, cien mil, tal vez unos doscientos mil. Esos montos son realistas y para que dichos saldos eviten que realice transacciones de diez millones, veinte millones cuando sabe que no es algo que normalmente haría. Por supuesto, si está en esa situación entonces está bien, puede tener operaciones de cinco y diez millones, pero eso usualmente no es la norma para los comerciantes nuevos.

Para completar la transición a una cuenta real con dinero, obviamente, debe tener una ventaja consistente en el saldo de su cuenta demo. Cuando está negociando, no necesita ganar dinero todos los días, pero al final de la semana o en general debe terminar ganando algo. Si no está ganando dinero en su cuenta de demostración, eso le indica que necesita seguir comerciando un poco más en la cuenta demo.

En resumen, primeramente y diría que lo más importante es que tenga un saldo realista para que realmente sepa cómo reaccionará mental y físicamente a las ganancias o pérdidas con saldos realistas, y que también necesita obtener un beneficio constante en su cuenta.

CAPITULO 8
Seleccionando a su socio comercial

¿Qué es lo que busca cuando considera abrir una cuenta comercial financiada? Primero, una plataforma confiable, para mí, confiable significa que cuando es tiempo de comerciar, la plataforma esté funcionando, lo que también significa que puede obtener buenos precios (negociables) que le permiten comprar y vender con facilidad. Si está negociando con un corredor que tiene una plataforma que se cae más de un par de veces al año, entonces definitivamente debería considerar cambiarse de plataforma, no debería ser que se haya caído más de una vez al año, porque la mayoría Las plataformas están activas todo el tiempo.

Lo siguiente que necesita ver es lo que yo llamo buena liquidez sobre los números. Cuando menciono "números", me refiero a si está buscando realizar comercio de noticias sobre informes de trabajo, informes de tasas de interés, números de viviendas, etc. Hay muchos comerciantes en los que más o menos gran parte de su estrategia está basada en lo que solemos llamar en los negocios como "sobre los números". Se trata de transacciones en medio de informes de noticias del mercado, y este es también el momento en que puede entrar en la situación de una crisis de liquidez. En un ejemplo concreto con la necesidad de una buena liquidez sobre los números, digamos que la decisión sobre la tasa del Banco de Inglaterra fue anunciada, está intentando comerciar, y cuando intenta comprar o vender, su corredor de bolsa sigue solicitando los precios o tal vez ni siquiera le permita realizar la operación. Si experimenta esto regularmente, debería considerar la posibilidad de comerciar en otro lugar, ya que debería poder comerciar incluso a través de informes de noticias.

Finalmente, definitivamente necesitara hablar con sus amigos, si tiene un amigo que es un comerciante activo, averigüe sobre sus experiencias con su corredor. Porque, por lo general, esta es una buena forma de saber cómo son (los corredores) cuando necesita realizar operaciones comerciales. También querrá saber sobre cómo es el proceso cuando necesite transferir dinero a la cuenta o desde la cuenta. ¿Cuál ha sido la experiencia de su amigo? ¿Ha sido bastante fácil o ha habido mucha administración y han necesitado enviar muchos correos electrónicos para lograr esto?

En una revisión de las cosas que necesita al seleccionar un buen socio comercial, una plataforma confiable, buena liquidez sobre los informes de mercado y comentarios de sus amigos.

CONCLUSION

Gracias por haber leído Análisis Técnico de Forex Explicado. Espero que haya sido muy informativo y capaz de proporcionarle el primer conjunto de herramientas que necesita para lograr sus objetivos comerciales mediante el análisis técnico en el mercado de divisas y ganar dinero con él.

El siguiente paso será poner a prueba sus habilidades en el comercio y construir su capital de riesgo para que pueda realizar operaciones adicionales. Esto te dará la motivación que necesita para alcanzar el éxito.

Tengo varios libros sobre diferentes aspectos del comercio y clases de activos, por favor, ¡écheles un vistazo!

PERFIL DEL AUTOR

Wayne Walker es el director de una firma global de consultoría y educación sobre mercados de capital (gcmsonline.info). Tiene varios años de experiencia en liderar y entrenar a equipos de Asesores de Inversión y ha manejado equipos de alto rendimiento en el Grupo de Clientes Privados basado en Bench Mark Earnings (BME).

www.ingramcontent.com/pod-product-compliance
Lightning Source LLC
Chambersburg PA
CBHW030735180526
45157CB00008BA/3173